Recueil du savoyard
in 16 pl. chagr. vert.

Page de titre du cahier de 1645
et idem ———— de 16 56

les pp. 109 - 112 (avec peut-être
seulement le bas de la p. 109 et la
fin de la chanson p. 110.)

plus :
la chanson Je suis l'illustre
savoyart pp. 124-125
[au moins les 4 premiers couplets]

Rés. Vña Coirault 1747 — 1748

RECVEIL
GENERAL DES
CHANSONS
DV CAPITAINE
SAVOYARD.

Faictes & composées par les meilleurs
Autheurs de ce temps.

Par luy seul chantées dans Paris.

A PARIS,
Chez Iean Promé, en sa
boutique au bout du
Pont-neuf.

M. DC. XXXXV.

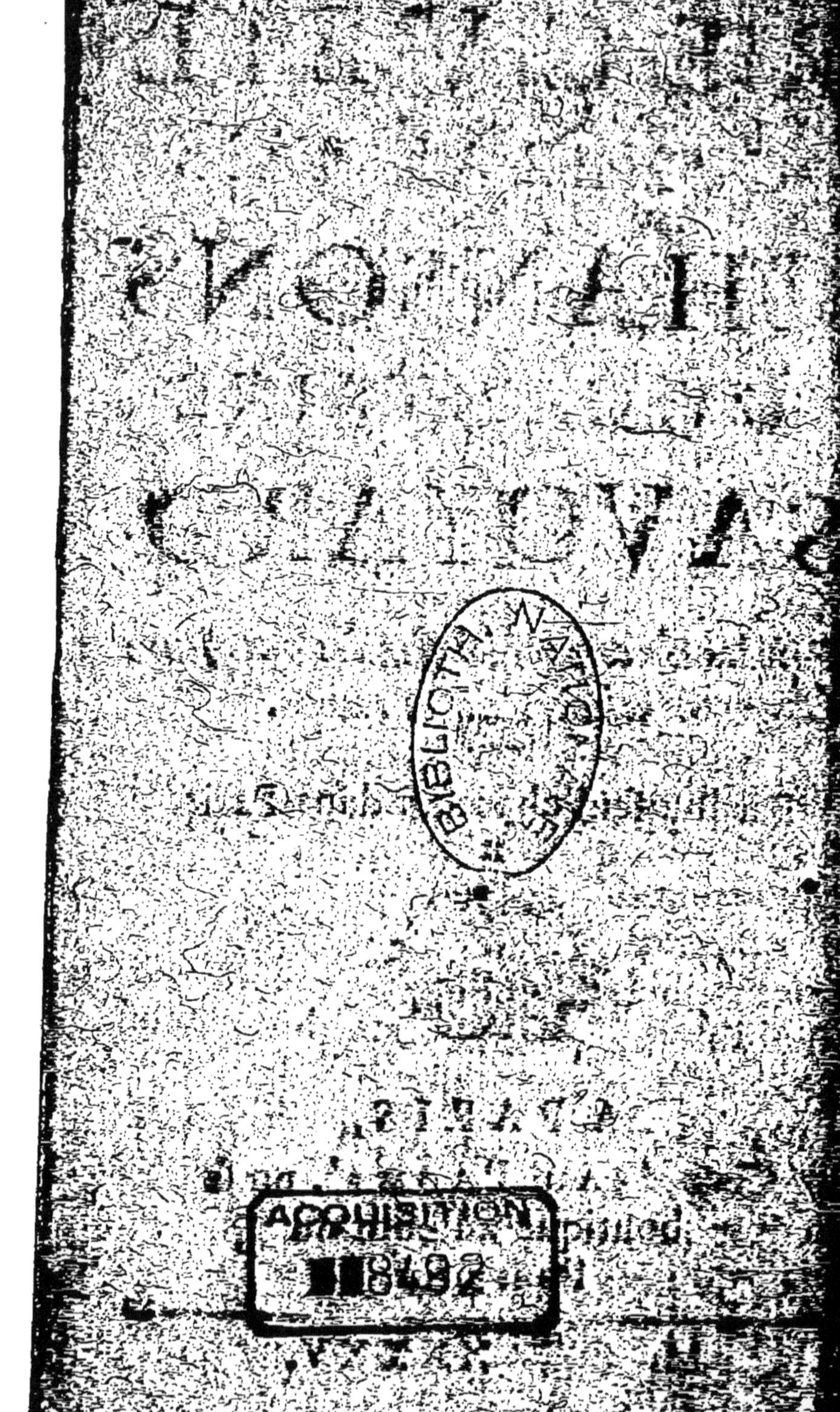

LES ADIEVX QVE

fait la Reyne de Pologne, à leurs
Majestez, & aux Princes &
Seigneurs de la Cour, sur son
depart pour la Pologne: Sur le
chant, Gentil Rossignol d'amour.

L A larme aux yeux bons François,
Certois,
e vous dis vn triste Adieu,
uis qu'il faut que ie m'esloigne,
& m'en vais en la Pologne.
Le defunct Roy mon Tuteur,
n grandeur,
l desira me donner
e Noble Roy de Pologne,
Qui cause que ie m'esloigne.
A present c'est le souhait
n effect,
u Roy & la Reyne aussi,
ui cause que ie m'esloigne
Ie delaisse tous mes biens
t moyens,

Au Roy l'aymant par sus tout,
Puis qu'il faut que ie m'esloigne, &c.
    Or adieu donc, desormais
Pour iamais,
Puissant Roy des bons François,
Puis qu'il faut que ie m'esloigne, &c,
    A la Rayne mesmement
Tendrement,
Ie luy fais mes baisemains,
Puis qu'il faut que ie m'esloigne, &c,
    O beau Prince Duc d'Anjou,
A ce coup,
Plorant ie vous dis adieu
Puis qu'il faut que ie m'esloigne, &c.
    Adieu grand Duc d'Orleans,
Tres-vaillant,
Et à la Duchesse aussi,
Puis qu'il faut que ie m'esloigne, &c.
    A la fille de Monsieur
De bon cœur
Aussi ie luy dis adieu,
Puis qu'il faut que ie m'esloigne, &c.
    Ie dis adieu à ma sœur,
En douleur,
En plorant si tendrement,
Adieu France ie m'esloigne, &c.
    Braue Prince de Condé,
Sans tarde,

Adieu vous dis cette fois,
Puis qu'il faut que ie m'eſloigne, &c.
  D'Anguien Prince genereux,
Valeureux,
De meſme vous dis adieu,
Puis qu'il faut que ie m'eſloigne, &c.
  A mon cher oncle Duc d'Elbœuf,
Dis adieu,
A mes couſins meſmement,
Puis qu'il faut que ie m'eſloigne, &c.
  O! aymable oncle d'Harcourt,
Nuict & iour,
Ie vous mandes mes adieux,
Puis qu'il faut que ie m'eſloigne, &c.
  A tous Princes & Seigneurs,
De bon cœur,
Ie veux faire mes adieux,
Puis qu'il faut que ie m'eſloigne, &c.
  O! Princeſſes de la Cour,
A ce iour,
A tous adieu ie vous dis,
Puis qn'il faut que ie m'eſloigne, &c.
  Charleville auſſi Neuers,
Par ces vers,
Vous entendrez mes adieux,
Puis qu'il faut que ie m'eſloigne, &c.
  Domeſtiques ſeruiteurs,
En grandeur,

Qui m'ont seruy dignement,
Puis qu'il faut que ie m'esloigne, &c.
    Adieu tant de forts Chasteaux
Si tres-beaux,
Qui en France m'appartenoient,
Puis qu'il faut que ie m'esloigne, &c.
    Les Dames qui la suiuoient
Elles pleuroient,
Auec grand ressentiment,
Puis qu'il faut qu'elles s'esloigne, &c.
    Proche la Chapelle estant,
En plorant,
Leurs tristes Adieux ils faisoient
Baisant le Roy & la Reyne,
Les quitter auoit grande peine.
    Adieu Louure, Adieu la Cour,
Beau sejour,
Adieu Maison de Neuers,
Puis qu'il faut que ie m'esloigne,
Pour m'en aller en Pologne.
    L'on tira d'affection,
Le canon,
A mon départ de Paris,
En honneur de la Couronne,
Du Royaume de Pologne.

FIN.

L'heureux mariage, du Roy de Pologne,
auec la Princeſſe Louyſe Marie de
GonZagues, de Cleues : deuant le
Roy & la Reyne, & pluſieurs autres
Seigneurs & Dames, dans le Palais
Royal : Sur le chant, Qui n'ayme pas
Dorimene, &c.

IL ne me faut pas manquer
Le Tout-puiſſant inuoquer
Pour parler d'vn mariage,
Aſſez glorieuſement,
Qui en effect nous preſage
Vn heureux euenement.
  Mais auant de commencer,
Il me conuient efforcer
Par vne belle induſtrie,
De bien parler dignement,
De la Princeſſe Marie,
Et la loüer hautement.
  Bref ſes rares qualitez
Sont ſuiuies de pietez,
Et le Ciel l'a partagée
D'vne belle Royauté,
  Le grand Roy des Polonois,
Sage, prudent & courtois,

Au Roy il l'a demandée
Pour afin de l'efpoufer,
Et luy a accordée
Voulant le fauorifer.

L'an fix cents quarante-cinq,
Fut ce mariage fainct,
Le cinquiefme de Nouembre,
Par vn acte folemnel
Dont nous deuons fans attendre
Remercier l'Eternel.

Fut dans le Palais Royal,
D'vn amour fainct & loyal
Qu'elle entra au mariage
Auec vn Ambaffadeur,
Qui receut cét auantage
Au nom du Roy fon Seigneur.

Puis pleine de grauité,
Elle eftoit à fon cofté
D'vne belle contenance,
Et d'vn port Majeftueux,
Où la fageffe & prudence
Brilloit dedans ces beaux yeux.

Vn grand Prelat l'efpoufa,
Et fur fa tefte on pofa
Vne Couronne excellente,
Tres-refpectueufement,
Que cette Dame prudente
Receut fort modeftement.

Deuant noſtre Roy puiſſant
Et la Reyne meſmement,
Et ſon Alteſſe Royale,
Elle receut par grand honneurs,
Benediction nuptiale,
Deuant les Princes & Seigneurs.
    Puis s'en reuenant au ſoir,
Tout chacun la courut voir,
Où tout le monde admire
Noſtre ieune Roy L o v i s,
Qui voulut la reconduire
Iuſques dedans ſon logis.
    Dans ſon Carroſſe elle eſtoit,
Et ſur ſa teſte elle portoit
Vne tres-riche Couronne,
Garnie de precieux diamans,
Et le Roy meſme en perſonne
La tenoit courtoiſement.
    Le Roy en ſigne d'amour,
La voulut mener au Cours,
Pour dernieres promenades,
Grand honneur luy teſmoigner,
De luy enuoyer ſes Gardes,
Afin de l'accompagner.
    Nous deuons la regretter,
Puis qu'elle s'en va nous quitter,
La Pologne eſt deſireuſe
D'auoir vn ſi bon ſouſtien,

Et qu'elle fera heureufe
De iouïr d'vn fi grand bien.

   Mais que ie plains ce grand **Roy**,
Si bien-toft il ne la voit,
Il brufle d'amour pour elle,
Bref, il mourra langoureux,
Si il ne iouït de celle
De qui il eft amoureux.

   Prions d'vne grand' ardeur
Noftre fouuerain Seigneur,
Que cette Dame fi bonne,
Imite par fa pieté
Vne Reyne de Pologne
Femme de grand' Sainéteté.

   Qui nous pourra confoler
En la voyant en aller,
Adieu grand' Reyne Louyfe,
Pleurons voftre efloignement,
Le Roy qui vous a acquife
Vous defire ardemment. *FIN.*

Contraét de Mariage de la Princeffe
   Louyfe Marie de Gonfagues, de Cle-
   ues: Surlechant, Ha! que le Ciel eft
   contraire à ma vie, &c.

SEcondez-moy ô Efprits Angeliques
Fauorifez-moy dedans ce difcours,

Sacré su et augusse & magnifique
Merite bien d'auoir vostre secours,
Car la Princesse dont ie veux parler,
Nul en sagesse ne peut l'egaler
Aussi s'y comparer.

Ce sujet cy merite bien encore
D'estre entendu tout par tout l'Vniuers,
Et auec moy que tout chacun honore
La fille de feu Monsieur de Neuers,
Elle s'essoigne de nous sans tarder,
Et la Pologne l'a va posseder,
Le Ciel veut l'accorder.

Dans le S. nœud du sacré mariage
Elle a vn Roy, par vn diuin accord,
Qui receura la ioye en son vefuage,
De posseder vn si rare Thresor,
Elle s'essoigne de nous sans tarder, &c.

Enfin ce Roy plein de magnificence,
Pour tesmoigner son illustre grandeur
Puis peu de iours a enuoyé en France,
A cette occasion vn Ambassadeur,
Elle s'essoigne de nous sans tarder, &c.

Tout aussi-tost Monseigneur de
   Ioyeuse,
Et le sieur de Berlize mesmement,
Ils l'ont conduit d'vne grace officieuse
Deuant le Roy se presente humblement:
Elle s'essoigne de nous sans tarder, &c.

Au mesme temps le Comte de Brienne,
Qui est vn des Secretaire d'Estat,
Qui deuant sa Majesté Tres-Threstien-
ne,   Contract,
D'vn grand respect, leut tout haut le
Elle s'esloigne de nous sans tarder, &c.
Le Roy, la Reyne aussi-tost le signe-
rent,
Et tesmoignoient d'estre assez ioyeux,
Et leur consentement ils en donnerent,
Car le party estoit aduantageux.
Elle s'esloigne de nous sans tarder, &c.
Et puis la Princesse Louise Marie,
Y a signé aussi semblablement.
Puis d'vn respect tout plein de cour-
toisie
L'Ambassadeur signa pareillement,
Elle s'esloigne de nous sans tarder, &c.
Et puis apres deux fort belles Arque-
buses,
Tres-humblement au Roy il presenta,
Et sa Majesté point ne les refuses,
Et de bon cœur il les luy accepta,
Elle s'esloigne de nous sans tarder, &c.
Auec cela vn fort beau Cimeterre,
Toutenrichy de tres precieux diamans,
Vn des plus beaux qui soit dessus la
terre,

Ce que le Roy receut courtoiſement,
Elle s'eſloigne de nous ſans tarder, &c.
   Et auſſi le Pourtraict du Roy ſon
        Maiſtre,
Qui à la Françoiſe eſtoit veſtu,
Qui dedans ce Tableau ſe fait pareſtre
Accompagné d'vne grande vertu:
Elle s'eſloigne de nous ſans tarder, &c.
   Apres cela d'vne action courtoiſe,
Celuy du Prince de Pologne ſon fils,
Qui eſtoit veſtu à la Polonoiſe,
Et qui eſtoit vn Pourtraict fort exquis,
Elle s'eſloigne de nous ſans tarder, &c.
   En ſuite apres à la Reyne il donne
Vn beau Tableau de la Reyne des
        Cieux,
Qu'elle receut d'vne action fort bonne,
Parce que c'eſt vn Pourtraict tres-pre-
        cieux,
Elle s'eſloigne de nous ſans tarder, &c.
   Et ledit Roy l'a eu des Moſcouites,
Qui le tenoient en grand' deuotion,
Car ce Tableau eſt d'vn tres-grand
        merite,
Auſſi l'auoient en recommandation,
Elle s'eſloigne de nous ſans tarder, &c.
   Ce beau Pourtraict de la Vierge
        adorable,

Et fait des miracles assez souuent,
Ils le gardoient, la chose est veritable,
Tout du depuis mille quatre cens ans,
Elle s'esloigne de nous sans tarder, &c.

  A la Princesse luy donna vne boëte
Toute enrichie de très-precieux dia-
    mants,
D'vn très-grand prix parfaitement bien
    faite,
Où le portrait de son Roy est dedans,
Elle s'esloigne de nous sans tarder, &c.

  Adieu donc Princesse Louyse Marie,
Mais à present Reyne des Polonois,
Dites Adieu à vostre chere Patrie,
Dites Adieu à tout le peuple François,
Elle s'esloigne de nous sans tarder, FIN.

La magnifique entrée de l'Ambassadeur
  extraordinaire du Roy de Pologne,
dans la ville de Paris, pour le maria-
ge de la Princesse Louyse Marie de
Gonzagues de Cleues: Sur le chant,
Depuis que le monde est monde, &c.

Nobles François de courage inuincible,
Venez entendre chanter
L'arriuée d'vn Personnage
Qui vient pour vne beauté,

fille d'vn redoutable,
e feu Monſieur de Neuers,
ui ne trouuoit ſon ſemblable,
n tous lieux dans l'Vniuers.
C'eſt pour le Roy de Pologne,
Qui ne voyant ſon pareil,
eut luy donner la Couronne,
e croyant qu'vn tel Soleil,
N'éclataſt dans ſon Royaume,
our mieux ſouſtenir la Foy,
arquoy il enuoye en ſomme,
eſpouſer deuant le Roy,
Des diamans, rubis & perles
uy en a fait vn preſent,
omme vne Princeſſe fort belle,
ur tout l'a va cheriſſant,
lle eſt née dedans la France,
iuant Louys de Bourbon,
oy treizieſme, ſa puiſſance
ait rememorer ſon nom.
Noſtre ieune Roy France
ſtant à Fontaine-bleau,
ſt venu en diligence,
uy ayant permis entrée
ans ſa ville de Paris,
on entend ſa renommée,
ſtre en tous endroits cheris,
Par la porte ſainct Antoine.

Arriua l'Ambassadeur,
Vn Euesque il ameine,
Où Monsieur le Duc d'Elbœuf
Qui marchoit à la main dextre
Tenant sa Noble Grandeur,
Et son fils à la senestre,
Qui leurs faisoient grand honneur.

    Les Academies Royales
Ne manquerent s'y trouuer,
Chose la plus remarquable
Qu'on puisse s'imaginer,
Leurs cheuaux en si bon ordre,
Que cela estoit plaisant,
Et estoient armez en sorte,
De tous costez de galans.

    O quelle magnificence,
Voir vn tel Ambassadeur
Venir dans la noble France,
Nous luy faut porter honneur,
Le monde dedans les ruës,
Aux endroits où il passoit
Sur eux ils iettoient leurs veuës,
Tous ensemble s'estonnoient.

    Tous ces gens marchoient en ordre
Couuerts d'or & d'argent,
Sans qu'ils fissent aucun desordre
Tenans leurs bides & leurs rangs,
Leurs cheuaux auoient des housses

                                Ren

Remplies de perles & diamans,
Leurs chariots & carrosses
Estoient tous semblablement.
    Nostre bon Roy & la Reyne,
Aussi les Princes du Sang,
Ont voulu d'amour insigne
De luy voir ses compliments,
Cette intime Excellence,
Venu de la part du Roy
Espouser dedans la France
Cette Dame à cette fois.
    Princesse Louïse Marie
Vous serez en grand honneur,
Car ce Roy vous a choisie
Vous ayant donné son cœur:
Maintenant vous estes Reyne
Du Royaume Polonois;
Dieu vous console & maintienne,
Vous regrettant cette fois.
    Grand' quantité de carrosses
L'on voyoit courir aux champs,
Car la Noblesse s'efforce
Pour voir entre tant de gens:
Ce qui estoit remarquable
Leurs cheuaux estoient bardez
De dorure inestimable,
Depuis le haut iusqu'aux pieds,
    On entendoit les Trompettes

Fredonner de tous coſtez,
C'eſtoit la choſe plus leſte
Que l'on puiſſe remarquer:
Leurs hauts-bois en allegreſſe,
Pareillement à l'égal
Ioüoient & Phiphres ſans ceſſe,
Allant au Palais Royal,
	Dedans l'Hoſtel de Vendoſme
Il fut conduit meſmement,
Force Princes & Gentils-hommes
En grand' foule eſtoient preſents;
Et le peuple en abondance
Honoroit l'Ambaſſadeur
Dans ce lieu, où d'aſſeurance
Eſt logé auec honneur.
	Grand' ioye dedans la ville
L'on faiſoit en tous quartiers,
Honorant l'entrée gentille
Des Polonois eſtrangers:
Auſſi pour le mariage
De cette fille de prix
La plus belle & la plus ſage
Qu'il ſe ſoit veu dans Paris.

LA LOVANGE DV CONCOM-
bre bien enuinaigré.

DAns le concombre en effect
Ie treuue des delices,

Et mon vinaigre n'est fait
Que pour ce seul seruice :
Sans le vinaigre excellent,
Le Concombre est desplaisant ;
Mettons donc dessous cette ombre
Ton melon & mon concombre.
   Nous ne sçaurions pas choisir
De lieu qui soit plus sombre :
Icy ie puis à loisir
Manier ton concombre,
Et pendant que ie te tiens,
Mets mon vinaigre en tes mains :
Il est de couleur de rose,
Mais son goust est autre chose.
   Chere Melite il est temps
De les mettre ensemble :
Ah Dieu ! quel contentement,
De plaisir tout me tremble :
Ie sens charmer tous mes sens,
Ton vinaigre tu respans,
Et fais sortir vn grand nombre
De liqueur de mon concombre.
   Estimes-tu mon ragoust,
Dy ma chere Melite,
Ton vinaigre est à mon goust,
Mais ta sauce est petite ;
Il faut donc recommencer,
Quand tu deurois te lasser,

B iij

car il faut vn plus grand nombre,
De vinaigre dans mon concombre.

CHANSON NOVVELLE,
qui se chante en Cour.

A Peine voit-on personne
Qui parlant de Marion,
Ne la blasme & soupçonne
D'auoir vn esprit frippon :
Helas! pourquoy l'accuse-t'on :
Vrayment c'est-mon,
Voyla qui est bon,
La pauurette a bien plus de conscience
Qu'on ne pense.

L'vn me dit qu'elle caquette
A la Messe & au Sermon,
Et l'autre dit qu'elle est coquette,
Et qu'elle ayme le garçon,
Helas! pourquoy l'accuse-t'on ? &c.

Pour moy qui ay connoissance
De son inclination,
Et qui tiens pour médisance
D'en parler de la façon,
Je dis pourquoy l'accuse-t'on, &c.

Marion est si gentille
Qu'on l'ayme parfaitement,
On dit qu'elle a par la ville
Le cœur de plus d'vn amant,

re pourquoy l'accufes-t'on?
rayement c'eft-mon,
oyla qui eft bon,
a pauurette a bien plus de confcience
u'on ne penfe.

IR DE COVR BACHIQVE.

Our paroiftre Cefars
 Il faut fuiure Bachus,
r quitter Mars,
     Faifons gloire
     De bien boire,
ar pour nous mettre en repos
faut viure parmy les pots.
e jus delicieux
pprend en vn moment
cours des Cieux,
     Le remede
     D'Archimede
eftoit que de prendre du vin
ur rendre fon efprit diuin.
'il eft vray que Platon,
pût tout fon fçauoir
     Eftant yure,
     Il n'y a Liure,
breu, Grec, ou Latin,
on explique tout foudain.
uand nous fommes mal-fains

Ne nous feruons iamais de Medecins
Leurs receptes
Sont mal faictes,
De nous ordonner l'eau,
Qui nous reduiroit au tombeau.
Si ie vay anx Marets,
Ce n'eſt que pour hanter les cabarets
Le merite
D'Hypolite,
Ny ſa beauté,
N'a rien deſſus ma liberté.
Qu'on m'appelle inconſtant,
Ie me mocque de tout, il en eſt temps,
Si ſa grace
Ne ſurpaſſe
Celle d'vn broc de vin,
Ie dis Adieu à ſon beau teinct,

AIR DE COVR BACHIQVE

MVſes, j'abandonne vos terres,
Vos monts, vos prez,
Et vos deſerts:
Les pommes donnent auec le verre
Plus de plaiſir que ceux des vers,
Vous qui grimpez Parnaſſe.
Sans pourpoinct, ny manteau,
Pour y boire de l'eau,
Ce qui vous y meine, m'en chaſſe

...us de ces grosses bules
...tiennent vos interests.
...moy ie choisis pour mes Muses
...ruantes des Cabarets :
...qui grimpez Parnasse
...pourpoinct ny manteau,
...y boire de l'eau,
...nous y meine, m'en chasse.

Chanson bonne à boire.

A mon cousin, mon voisin,
Gregoire, à boire,
...us l'humeur noire,
...vin, du vin,
...mon verre, Pierre,
...jus diuin, Chere merueille,
...eur vermeille,
...que ta bonté me réueille Treille,
...e bouteille,
...ce vin delicieux,
...mes oreilles,
...mes yeux.
...e défi, ie dis A de Siluie : vie,
...me est rare,
...dira hola ? 7
...nous faire, faire,
...ce coup-là,
...louuichons,

Voylà la mienne,
Ne veux-tu pas vuider la tienne,
          Chienne,
Toufiours ie te tienne,
Tu en es donc bien refiouy?
Ouy par la mordienne,
Vertu-dienne ouy.

     Ha! tes beaux yeux,   precieux,
Sydere chere, toufiours ie reuere
Quand ie les vois doux,
Quand les voyant paroiftre   eftre
En grand courroux,
Ô cœur de grace,
Qui me menace,   de grace,
Me veux-tu mettre en ta difgrace,
Ou bien ie trefpaffe,
Ton cœur eft donc bien en ennuy,
Et ouy par la mordienne,
Vertu-dienne ouy.

AIR DE COVR.

TV vois chere Maiftreffe,
L'eftat où ie fuis,
          Quand ie te laiffe,
Les plus beaux iours ne me font que des
     nuicts,
          Ie n'auray plus d'affection
          Dedans la Paffion

De tes deſirs :
      Car ton viſage
      N'a plus d'auantage,
Deſſus mes plaiſirs.
      Tu fais ſi peu de conte
        De mon amitié,
        Tu cours au change,
        Tu trouues eſtranges,
        Que ie t'ay quitté :
Ie n'auray plus d'affection, &c.
        Ie vis dans l'inconſtance,
        Eſloigné de toy,
Ma belle Aurore
Quand ie t'adore,
        Tu te ris de moy :
Ie n'auray plus plus d'affection, &c.
        Tu vintas meſconte,
        Dans le repentir,
        En duell extréme,
        Et ton teinct bleſme
Te fait reſſentir,
        Que ie n'ay plus d'affection
        Dedans la paſſion,
De tes deſirs,
        Car ton viſage
        N'a plus d'auantage,
Deſſus mes plaiſirs.

C

Chanson Bachique, dediée aux beaux Esprits & Poëtes de ce temps.

CA beuuons, c'est assez chanté,
Il faut songer à nos bouteilles,
I'ayme mieux boire vne santé,
Que laisser charmer mes oreilles:
Il est vray qu'vn bel air
Est bien-delicieux;
Mais quand on chante des merueilles,
Ie trouue qu'vn bon vin vaut mieux.

　　Ne te fasche pas sainct Amand,
Si ie parois vn peu critique,
Et blasme trop seuerement,
Vn si bel Art, dont tu te picque;
Dis ce que tu voudras,
Mais alors que ie bois,
Bien que j'ignore la Musique,
I'entonne pourtant mieux que toy.

CHANSON A BOIRE.

A Toy gros boursoufflé,
Ie t'annonce la guerre;
Arme-toy d'vn jambon,
D'vn flacon & d'vn verre,
Et dans le cabaret
Vuidons nos differends

Sans prendre aucun aduis
D'amis ny de parens,
Et ſans enuie, faiſons la vie,
Et ſans enuie, faiſons la vie.
  Prepare ton goſier
Et ta groſſe bedaine,
Ie m'en vay boire à toy
Quinze coups d'vne haleine;
Et dans le cabaret,
Vuidons nos differends, &c.
  Meſpriſons les combats,
La fortune & la gloire,
Si nous tombons à bas,
Que ce ſoit de trop boire,
Et dans le cabaret,
Vuidons nos differends, &c.

Chanſon des trente & quarante.

RIen n'eſt plus beau dans la Nature,
  Que l'agreable fleur qui naiſt,
Si i'exerce l'Agriculture,
Les Dieux m'engardent, s'il leur plaiſt,
De iamais arrouſer la fente
Des Dames de trente & quarante.
  I'ayme bien la fleur qui boutonne,
Ie ſuis vn rare Iardinier:
Mais ie veux bien qu'on me chaponne,
Si ie fais tour de mon meſtier,

Soit en escusson ou en fente
Des Dames de trente & quarante.

Ie passe par toute la France
Pour laboureur & bon fermier,
Mais mon bon grain & ma semence
Pourriront plustost au grenier,
Que iamais ie seme ny plante,
Sur Dames de trente & quarante.

Lors que i'ay besongne nouuelle,
Ie suis fort habille maçon,
I'exerce fort bien ma truelle,
Mais l'on ne perd que la façon,
A replastrer les vieilles fentes
Des Dames de trente & quarante.

Ie suis pour neufves cheminées
Bon Savoyard, garçon d'honneur,
Mais pour la vieille ruinée,
Ie suis vn mauuais Ramonneur:
La suye en est par fois puante,
De celles de trente & quarante.

Ie suis vn gourmet d'importance,
S'il faut percer vn muid nouueau,
Mais la fustaille est-elle rance,
Mon guiblet rebrousse au tonneau,
Et n'entre point dedans la fente
Des Dames de trente & quarante.

Pour les perdreaux & ieunes cailles
Ie suis vn fort bon cuisinier,

Mais ie ne larde rien qui vaille,
Il faut picquer du vieux gibier,
La viande en est tousiours relente
Des Dames de trente & quarante.

Ie suis vn fort bon Tailleur de filles,
Pour elles au trauail inuaincu,
Mais d'aller rompre mon aiguille,
Deussent-elles montrer le cul:
Si iamais ie recous la fente
Des Dames de trente & quarante.

AIR DE COVR NOVVEAV.

PHilis que t'ay-ie faict, Maistresse de
  mon cœur,
Tu me fuis, tu ne me sçaurois souffrir,
Seul objet que i'adore, tu me fais mourir,
Belle que i'ayme vniquement,
Pour qui ie souspire mesme à tout mo-
Suis-ie pas mal heureux,   (ment,
D'estre absent de tes beaux yeux,
Si plains de charmes & de feux.
Amour faits cesser son iniuste rigueur,
Quelle connoisse ma fidelité,
Que ie tiens sans égale côme sa beauté;
Ie l'aymeray iusqu'au trespas,
(Deust elle s'en plaindre) vous n'en
  doutez pas,
Car mon plus grand desir

Est de la pouuoir secourir,
Amour donnes-moy ce plaisir.   (mour,
   Ha! ma chere Philis, si tu as de l'a-
Il faut trouuer ce iour, ce iour heureux,
Qui permet nos ames d'aleger nos feux,
Que sur ta bouche & sur ton sein,
Tu laisse prendre des baisers sans fin:
Et gouster les plaisirs
Qui donnent tant de desirs,
Comme nous eusmes de souspirs.
Helas, faut-il si tost abandonner Philis,
Philis de qui les charmes innocens
Ont des traits si puissans, qui captiuent
   nos sens:
O Ciel j'implore ton secours,
Rends-moy ce bel Astre, ou m'oste le
Car toute autre clarté   (iour:
Ne me semble qu'obscurité
Auprés l'esclat de sa beauté.

CHANSON NOVVELLE,
à la gloire de Monseigneur
le Duc d'Anguien.

NOuueau Germanicus,
Vray sang de Charlemagne,
Tu les as tous vaincus
Ces peuples d'Allemagne,

Allons, allons petit chien de frippon,
    allons,
Iean de Vvert & Mercy,
Sçaches qu'il eſt Bourbon
Et de Montmorency.
  Il eſt des Ducs d'Anguien,
De Bourbon par ſon pere,
Mais il ne nuiſt de rien
Qu'il tienne de ſa mere :
Allons, allons petit chien de frippon
    allons, &c,
   C'eſt l'homme de Rocroy,
Celuy de Thionville,
Couſin de noſtre Roy,
Frere de Longueuille :
Allons, allons petit chien de frippon.
   Tu ſçay bien Philipſbourg,
Qui eſt cét Alexandre,
Tu l'as veu re brauer
A ce mois de Septembre,
Allons, allons petit chien, &c.
   Allons boire du vin
A Vvormes & Mayençe :
Car Bacarac eſt pris,
C'eſt pour le Roy de France :
Allons, allons petit chien de frippon
    allons, &c.

C iiij

Chanſon amoureuſe, Sur vn air nouueau.

ME promenant vn iour,   bis
Prés du Palais Royal ce beau Ie-
    Par rencontre,   (jour,
    On me montre
Vne rare beauté,
Qui me tient en captiuité,
Eſpris d'affection,   bis
Ie luy ay teſmoigné ma paſſion,
    Chere Dame,
    Dans la flame
Ie bruſle nuict & iour,
Si ie vous conte mon amour.
    La blancheur de ſon ſein,   bis
Me fait perſeuerer dans mon deſſein,
    Son viſage   Tient en gage
Mon eſprit & mon cœur,
Capriſ ſous ſon bel œil vainqueur,
Ses yeux ſont des Soleils,   bis
Qui n'ont point dans le monde de pa-
    Et i'eſtime   (reils,
    Que c'eſt crime
De ne l'adorer pas,
Puis qu'elle a des diuins appas.
    I'eſpere quelque iour,   bis
D'eſtre recompenſé de mon amour:

La franchise   M'est acquise
De la baiser quand ie veux,
Et de luy poudrer ses cheueux.
Dans ma discretion   bis
Elle soulagera ma passion,
        I'ay promesse
        Tres-expresse,
Que si ie suis discret,
Ie la verray en lieu secret.
    O astre de la nuict,   bis
Retire ta clarté qui trop me nuit,
        Ta lumiere   Coustumiere
Ne sert aucunement
A l'amoureux tourment.

— Le Iardinage d'amour.

THoinon la belle Iardiniere
N'arrousoit iamais son iardin,
De cette belle eau coustumiere,
Dont on se sert pour le Iasmin,
Ny mesme de celle de Rose, &c.
    Elle auoit appris de sa mere,
Qui ne iardinoit que de nuict,
D'en'arrouser iamais d'eau claire,
Comme celle qui vient du puits.
    Elle aymoit fort l'agriculture,
Et s'y addonnoit iour & nuict,
Prenant plaisir que la Nature

Luy donnast des fleurs & des fruicts.
    Enfin elle deuint Maistresse,
Et rendit son jardin si beau,
Que l'on voyoit par son adresse
Tous les Printemps du fruict nouueau.
    On ne vit jamais Iardiniere
En sa saison faire si bien,
Il sortoit de sa pepiniere
Tous les neuf mois vn bon Chrestien.

CHANSON BACHIQVE.

LOrs que ie porte vne trinque
A mon inclination,
Tout le monde taupe & tinque,
Vn chacun me fait raison,
Vn chacun, Vn chacun,
Vn chacun me fait raison,
    Quand la table estoit couuerte
Pour iouer au tric-trac,
Ie tiray de ma pochette
Vne pipe de Tabac, De Tabac, &c.
    Quand on boit à ma Maistresse
Au milieu de mon repas,
Tout le monde la caresse
Pour boire à tous ses appas, Ses appas.
    Ce n'est pas que ie n'estime
Son teint & ses blonds cheueux,
Mais ie n'ay pas la franchise
De la baiser quand ie veux, &c.

Air nouueau à boire.

SI vous voulez que ie gronde,
Parlez de boire de l'eau,
Elle a feruy de tombeau
Vne fois à tout le monde,
Ha! qu'on ne m'en parle pas
Iamais dedans mon repas.

Et quoy que chacun en iuge,
Le bon Noé fut bien fin,
Pour fe noyer dans le vin
Il fe fauua du Deluge;
Ha! qu'on ne m'en parle pas
Iamais dedans mon repas.

Plus fouuent quand ie me mouïlle,
Ie me fens tout tranfporté,
Non, ie ne veux point ofter,
La boiffon de la grenoüille;
Ha! qu'on ne m'en parle pas,
Iamais dedans mon repas.

Ie me mocque des caprices
De l'aueugle Cupidon,
A mon chappeau pour cordon,
Ie veux auoir des faucifles;
Ha! qu'on ne m'en parle pas
Iamais dedans mon repas.

Amours defagreables d'vn vieillard &
d'vne ieune tendron : Sur vn
chant nouueau.

L'On me veut donner vn vieillard,
Qui fans cefse rechigne,
Ie n'en donnerois pas vn liard,
Eftant foible d'échigne,
Par ma foy ce n'eft pas mon cas,
Quand il neige fur ces montagnes:
Il fait grand froid aux Pays-bas.
    L'on dit qu'il a bien de l'argent,
Mais ie n'en ay que faire,
Ie veux vn gaillard diligent,
Il fera mieux l'affaire,
Que ce vieillard ne fera pas, Quand, &c.
    Ce pauure amoureux tout tranfi,
Quand quelqu'vn me regarde,
Deuient iaune comme vn foucy,
Et me donne vne garde:
Mais pourtant il ne m'aura pas,
Quand il neige fur ces montagnes, &c.
    Infirme reduit aux abois,
Porte ailleurs ton bagage,
Ton Rofsignol n'a plus de voix
Pour chanter dans ma cage,
Son ramage ne me plaift pas,

Quand il neige sur ces montagnes
Il fait grand froid au Pays-bas.

Trio, ou Chanson à boire.

TRrinque, Trinque compagnons,
Beuuons, faisons grand'chere,
Voicy de bonne matiere :
C'est le sang d'vn Bourguignon,
Il est mort, mort, il est mort, mort,
A vendanges,
Il faut chanter les loüanges,
Il a fait de grands efforts,
Ie deplore ses peines,
Luy qui rend le sang des veines,
On luy a foulé le corps, &c.
En faisant son testament
Prononça ces paroles,
Ie meurs pour tous tes bons drolles
Qui boiuent incessamment, &c.
Merueille des Bourguignons,
Que tout le monde estime,
Que celus me soit indigne
Si tu ne me fais raison,
C'est bon-heur,   s'il meurt,   bis
A vendanges   Il faut chanter, &c.

COVRANTE NOVVELLE.

IE voy toutes les nuicts
L'object de mes ennuis,

Et le ſommeil fait ſortir du tombeau,
Ce que la mort y fit entrer de beau:
Vous qui me réveillez:
Clarté funeſte:
Solei qui brillez,
Ne m'oſtez pas ce qui me reſte,
Laiſſez-moy dormir,
Vous me faites mourir.
    Helas! où fuyez-vous?
Bel ombre arreſtez-vous,
Et permettez que mon eſprit déceu
Se flatte encor du bien qu'il a receu:
Vous qui me reſueillez, &c.
    Ie vis la nuict, le iour,
Cruel Amour, Amour,
Et les tyrans de ce triſte entretien
Ont effacé l'image de mon bien:
Vous qui me reſueillez, &c.
    Ie vis en mon ſommeil
Ie meurs en mon reſueil,
Et les plaiſirs de mes ſens endormis,
Se reſueillant ſe font mes ennemis:
Vous qui me reſueillez,
Clarté funeſte,
Soleil qui brillez,
Ne m'oſtez pas ce qui me reſte,
Laiſſez-moy dormir
Vous me faites mourir.

I'ay voulu l'arreſter,
Et penſois l'embraſſer,
Mais les objects que j'eſtimois viuans,
Naiſſent auec de l'ombre & du vent.
Vous qui me reſueillez,
Clarté funeſte,
Soleil qui brillez,
Ne m'oſtez pas ce qui me reſte,
Laiſſez-moy dormir,
Vous me faites mourir.

Reſponſe à la meſme.

IE fuis, voſtre beauté,
Cherchant ma liberté,
Mais ie voy bien que cét eſloignement
Ne ſera à rien qu'à croiſtre mon tourmét
Philis loing de ces lieux,
En vain ie ſuite
L'éclat de vos yeux :
Puiſque l'amour punit ma fuite
Par le deſeſpoir
De mourir ſans vous voir,
Ainſi à mon mal-heur,
Rien n'aide à ma douleur
Prés d'expirer, mon ſort ſera plus doux,
S'il faut mourir, mourir auprés de vous
Philis loing de ces lieux,
En vain j'évite

L'eclat de vos yeux,
Puis que l'amour punit ma fuite
Par le defefpoir
De mourir fans vous voir.

Inconftante beauté,
C'eft trop de cruauté,
Que de vouloir m'engager à fouffrir,
Et puis fans perir me laifler mourir:
Philis loing de tes yeux,
En vain j'évite
L'eclat de vos yeux,
Puis que l'amour punit ma fuite
Par le defefpoir
De mourir fans vous voir.

Balet de Monfeigneur le Cardinal.

IE fuis l'agreable harmonie,
Qui puis par mes accords diuers,
Répandre par tout l'Vniuers
Vne ioye infinie:
Ie regne quand chacun me fuit,
Qui m'abandonne il fe deftruit.   bis.
C'eft moy qui maintient tout le mõde,
Par le bel ordre des faifons,
Qui par vn concert de raifons
Calme la terre & l'onde;
Ie regne quand chacun me fuit, &c.
Ceux qui portent le Diadéme,

A leur

A leur mal-heur rompent mes Loix,
Ceux qui veulent perdre les Roys,
Ils se perdent eux-mesmes :
Ie regne quand chacun me suit,
Qui m'abandonne il se destruit,
Qui m'abandonne il se destruit.

Chanson gratesque à boire.

A My mon dessein est d'aller
Cobattre bien tost sous les armes,
Il faut que ie fasse enrooller
Mon nom parmy ceux des gendarmes,
Suy-moy, puis que Bachus
Par son pouuoir diuin
Conduit ceux qui de cœur combattent,
Combattent pour le vin,
Combattent pour le vin.

Ie veux pour tambour, des tonneaux,
Et pour baguette, des saucisses,
Les napes feront mes drapeaux,
Mes phifres, des cornets d'espice :
Suy-moy, puis que Bachus
Par son pouuoir diuin
Conduit ceux qui de cœur combattent,
Combattent pour le vin,
Combattent pour le vin.

Dans ces honneurs que ie pretends,
Ie suis content que l'on me berne,

D

Si c'eſt enrooller que i'entends
Dedans vn Liure de Tauerne :
Suy-moy, puis que Bachus
Par ſon pouuoir diuin
Conduit ceux qui de cœur combattent,
Combattent pour le vin,
Combattent pour le vin.
  Amy beuuons de ce bon vin,
Beuuons de ce vin delectable,
Beuuons de cet excellent vin,
Ayans les pieds deſſous la table:
Suy-moy, puis que Bachus
Par ſon pouuoir diuin
Conduit ceux qui de cœur combattent,
Combattent pour le vin.

Chanſon Bachique, Sur le chant
Tire-lire lan-lire.

BOns biberons qui hantez la tauerne,
Venez tous voir comme ie me gou-
    uerne,
Aux bons repas, tire-lire lan-lire,
Aux bons repas, tire-lire, lanla.
  Aſſemblons-nous tous icy chere
    trouppe,
Pour bien vuider le verre & la coupe,
Les pots, les plats, tire-lire, lan-lire,
Les pots, les plats, tire-lire, lan-la.

Suiuons Bachus, efforçons - nous à
    boire,
Sur l'Espagnol nous aurons la victoire
Au Pays-bas, tire-lire, lan-lire,
Au Pays-bas, tire-lire, lan-la.

Ne beuuons point de cidre, ny de biere,
Car leur liqueur nous met au cimetiere,
Dans le trespas, tire-lire. &c.

Au temps passé pour vne seule pomme,
N'est arriué que du mal-heur à l'homme
N'en mangeons pas, tire-lire, &c.

Fy des Brasseurs & de leur eau boüillie,
Cét Element abrege nostre vie,
N'en beuuons pas, tire-lire, &c.

Le bon Noé qui a planté la treille,
Auoit tousiours auec luy la bouteille,
Et s'enyvra, tire-lire, &c.

Le Cabaret a de si puissans charmes,
Que Cupidon y vient rendre les armes,
Ses fleches & dards, tire-lire, &c.

Nargue de vous, trop cruelle Ange-
    lique,
A vos beautez ie veux faire la nique,
D'vn ceruelat, tire-lire, &c.

I'estime mieux l'aisle d'vn poulet
    d'Inde,
Que les faueurs de la belle Florinde,
Ny ses appas, tire-lire, &c.

Si mon esprit dedans l'amour
C'est à teter du jus d'vne barique,
Rouge ou muscat, tire-lire lan-lire,
Rouge ou muscat, tire-lire lan-la.
Dans les assauts ie fais mille merueilles
Mais il me faut auoir vne bouteille
Dans les combats, tire-lire lan-lire,
Dans les combats, tire-lire lan la.
Ayans beu nous pouuons mettre en
    cendre
Le Pays-bas auec toute la Flandre,
L'on s'y en va, tire-lire lan-lire,
L'on s'y en va, tire-lire lan-la.
Ie voudrois bien aller en Catalogne,
Car le pays est bon pour les yvronghes,
Du vin y a, tire-lire lan-li e,
Du vin y a, tire-lire lan-la.
Si l'Espaghol veut soustenir la guerre,
D'vn broc de vin nous le mettrons par
    terre,
Qu'il en mourra, tire-lire lan-lire,
Qu'il en mourra, tire-lire lan-la,
Ca beuuons tous à ce grand Roy de
    France,
Qui en tous lieux leur monstre sa vail-
    lance
Dans les combats, tire-lire lan-lire,
Dans les combats, tire-lire lan-la.

Chanson des bons freres Camarades.

DAns cette authentique débauche,
A toy frere de ce vin bon,
Moy boit de mon main gauche,
Toy donne à moy du jambon,
Toy verra moy fredonner en cadence,
Colin tampon, Colin tampon,
Viue bonne France, &c.
  Grand mercy frere Camarade,
Moy va t'en faire la raison,
De cette canonnade,
Toy veux auoir le morion,
De bon cœur ne fredonne en cadence,
Colin tampon, Colin tampon, &c.
  Moy veux aller en promenade,
Là haut au ville de Meudon,
Moy ne suis plus malade,
Si moy rencontre ma Fanchon,
Moy la feray fredonner en cadence
Colin tampon, Colin tampon, &c.
  Quand au combat on me réveille,
Moy prends tousiours pour bataillon
Le fonds d'vne bouteille,
Si toy donne a moy du jambon,
Toy verra moy fredonner en cadence,
Colin tampon, Colin tampon.

Courante nouuelle, autrement dite
La Bois-Vinette.

OBjet diuin de mes langueurs, (rer
Mon cœur fait gloire de vous ado-
Et de souffrir vos extresmes rigueurs
Sans rien esperer,   Dans ma captiuité,
Ie ne desire que la liberté
De pouuoir vous dire
Que mon cœur souspire
Pour vostre beauté.
  Helas! que i'ayme vainement,
Et quel remede me peut secourir;
Si vostre esprit n'ignore seulement
Que l'art de guerir,
Dans mon affection,
On voit les marques de ma passion,
Que vous faites naistre,
Sans vouloir connoistre
Mon intention,
  Subtil trompeur qui nous abusez
Par l'esperance que vous nous donnez,
Cruel flatteur, pourquoy permettez-
          vous
Vn espoir si doux :
Beaux yeux puissans vainqueurs,
Par quelle feinte attirez-vous nos cœurs.
Pour finir, il faut dans nos ames

upir plus de charmes
t moins de rigueurs.
    Aſtres qui me donnez le iour,
De qui i'adore la viue clarté :
Voyez vn cœur auſſi remply d'amour,
Que vous de beauté
Dans mans ma diſcretion·
Quoy que ie cache mon affection,
Quand ie vous admire
N'eſt-ce pas vous dire mon intention.
    Ce teint plus beau que le Soleil·
Cette ieuneſſe qui nous eſblouït,
Eſt à mes yeux comme vn bouton ver-
Qui s'épanoüit.   (meil,
Et dans ma paſſion ·
Bien que ie cache mon affection,
Mon cœur qui ſouſpire
Sans pouuoir vous dire mon intention.
    Si vos regards auoient moins d'appas,
Mon cœur qui ſouffre, n'aſpireroit pas,
Et leurs douceurs qui flattent mes deſirs,
Comblent mes ſouſpirs,
Ceſſez helas ! ceſſez
De mettre en contrainte
Ceux que vous bleſſez,
Adorable Aminte,
Qui ſouffrez les plaintes,
Ou les gueriſſez.   *FIN.*

Air Bachique, A la gloire des bons beuueurs.

Embarquons nous ſur la terre,
Ne parlons plus de la mer:
C'eſt vn plaiſir de ramer,
A la table auec le verre:
L'embarquement eſt diuin,
Quand on vogue, vogue, vogue,
Quand on vogue ſur le vin,
　Pour s'embarquer deſſus l'onde
Faut eſtre ſans iugement
Qui va ſur cet element,
Il peut dire adieu le monde,
L'embarquement eſt diuin, &c.
　Entre le pot & le verre
On voyage aſſeurement,
On caquette librement
Quand on a les pieds ſur terre:
L'embarquement eſt diuin, &c.
　Heureux celuy qui chemine,
Sur la terre & non ſur l'eau,
Qui fait paſſer ſon vaiſſeau
Par le vent de la cuiſine:
L'embarquement eſt diuin, &c.

FIN.